W9-AGC-571

Jesse Rasmussen

Jesse Rasmussen

UNE AVENTURE D'ASTÉRIX

ASTÉRIX ET CLÉOPATRE

TEXTE DE GOSCINNY

DESSINS DE UDERZO

DARGAUD  ÉDITEUR

PARIS · BARCELONE · BRUXELLES · LAUSANNE · LONDRES · MONTREAL · NEW YORK · STUTTGART

ASTERIX EN LANGUES ETRANGERES :

AFRIQUE DU SUD	*(Anglais)*
	Hodder Dargaud, c/o Struik Book Distributors (Pty) Ltd., Graph Avenue, Montague Gardens 7441, Afrique du Sud
	(Afrikaans)
	Human & Rousseau (Pty.) Ltd., State House, 3-9 Rose Street, Cape Town 8001, Afrique du Sud
ALLEMAGNE	Delta Verlag GmbH, Postfach 10 12 45, 70011 Stuttgart, Allemagne
ALSACE	Dargaud Editeur, 6 rue Gager Gabillot, 75015 Paris
AMERIQUE HISPANOPHONE	Grijalbo-Dargaud, Aragon 385, 08013 Barcelone, Espagne
AUSTRALIE	Hodder Dargaud, Rydalmere Business Park, 10/16 South Street, Rydalmere, N.S.W. 2116, Australie
AUTRICHE	Delta Verlag GmbH, Postfach 10 12 45, 70011 Stuttgart, Allemagne
BELGIQUE	Dargaud Benelux, 17 Avenue Paul Henri Spaak, 1060 Bruxelles, Belgique
	Distribution langue flamande :
	Standaard Uitgeverij, Belgielei 147 A, 2018 Anvers Belgique
BRESIL	Record Distribuidora, Rua Argentina 171, 20921 Rio de Janeiro, Brésil
BULGARIE	Egmont Bulgaria Ltd., Ul. Sweta Gora 7, 1421 Sofia, Bulgarie
CANADA	*Distribution langue française :*
	Presse-Import Leo Brunelle Inc., 5757 rue Cypihot, St. Laurent, QC, H4S 1X4, Canada
	Distribution langue anglaise :
	General Publishing Co. Ltd., 30 Lesmill Road, Don Mills, Ontario M38 2T6, Canada
CORSE	Dargaud Editeur, 6 rue Gager Gabillot, 75015 Paris, France
CROATIE	Izvori Publishing House, Trnjanska 47, 4100 Zagreb, Croatie
DANEMARK	Serieforlaget A/S (Groupe Egmont), Vognmagergade 11, 1148 Copenhague K, Danemark
EMPIRE ROMAIN	*(Latin)*
	Delta Verlag GmbH, Postfach 10 12 45, 70011 Stuttgart, Allemagne
ESPAGNE	*(Castillan, Catalan, Basque)*
	Grijalbo-Dargaud, Aragon 385, 08013 Barcelone, Espagne
ESPERANTO	Izvori Publishing House, Trnjanska 47, 4100 Zagreb, Croatie
ESTONIE	Egmont Estonia Ltd., Pärnu mnt. 67A, EE 0001 Tallinn, Estonie
ETATS UNIS D'AMERIQUE	*Distribution langues anglaise et française :*
	Distribooks Inc., 8220 N. Christiana Avenue, Skokie, Illinois 60076-2911, Etats Unis
FINLANDE	Helsinki Media, POB 100, 00040 Helsinki, Finlande
GRECE	(Grec ancien et moderne)
	Mamouth Comix Ltd., Solonos 130, 10681 Athènes, Grèce
HOLLANDE	Dargaud Benelux, 17 Avenue paul Henri Spaak, 1060 Bruxelles, Belgique
	Distribution :
	Betapress, Burg. Krollaan 14, 5126 PT Jilze, Hollande
HONG KONG	*(Anglais)*
	Hodder Dargaud, c/o Publishers Associates Ltd., 11th Floor, Taikoo Trading Estate, 28 Tong Cheong Street, Quarry Bay, Hong Ko
INDE	*(Bengali)*
	Ananda Publishers Pvt. Ltd., 45 Beniatola Lane, Calcutta 700 009, Inde
INDONESIE	PT. Pustaka Sinar Harapan, Jl. Dewi Sartika 136D, Cawang, Jakarta 13630, Indonésie
ITALIE	Mondadori, Via A. Mondadori 15, 37131 Vérone, Italie
LUXEMBOURG	Imprimerie St. Paul, rue Christophe Plantin 2, Luxembourg
NORVEGE	A/S Hjemmet - Serieforlaget, PB 6853 St. Olavs Pl. 0130 Oslo, Norvège
NOUVELLE ZELANDE	Hodder Dargaud, PO Box 3858, Auckland 1, Nouvelle Zélande
POLOGNE	Egmont Polska Ltd., Plac Marszalka J. Pilsudskiego 9, 00-078 Varsovie, Pologne
PORTUGAL	Meriberica-Liber, Av. Alvares Cabral N° 84 R/CH Dt°, 1240 Lisbonne, Portugal
ROYAUME UNI	Hodder Dargaud, 338 Euston Road, London NW1 3BH, Angleterre
RUSSIE	Skorpion, 109387 Moscou, Lyunlinskaya Ulitsa 48, Russie
SLOVENIE	Didakta, Radovljica, Kranjska Cesta 13, 64240 Radovljica, Slovénie
SUEDE	Serieförlaget Egmont AB, 205 08 Malmö, Suède
SUISSE	Dargaud (Suisse) S.A., En Budron B-13, 1052 Le Mont sur Lausanne, Suisse
REPUBLIQUE TCHEQUE	Egmont CR, Hellichova 5, 118 00 Prague 1, Republique Tchèque
TURQUIE	Remzi Kitabevi, Selvili Mescit S. 3, Cagaloglu-Istambul, Turquie
YOUGOSLAVIE	Politiken Zabavnik - NP Politika, Makedonska 29, Belgrade, Yougoslavie

© **DARGAUD ÉDITEUR 1965**
Tous droits de traduction, de reproduction et d'adaptation strictement
réservés pour tous pays.
Dépôt légal : Décembre 1995
ISBN 2-205-00157-4
ISSN 0758-4520

Imprimé et relié en Décembre 1995 par Partenaires
Printed in France

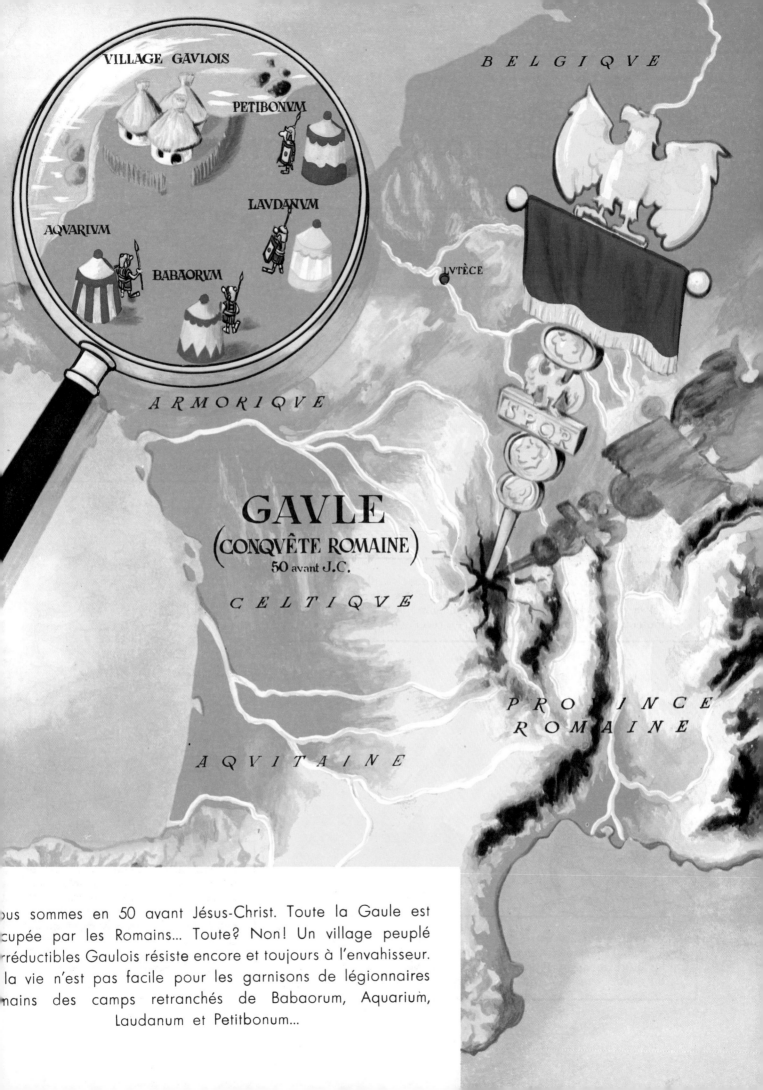

VILLAGE GAVLOIS

PETIBONVM

AQVARIVM

LAVDANVM

BABAORVM

ARMORIQVE

BELGIQVE

LVTÈCE

SPQR

GAVLE
(CONQVÊTE ROMAINE)
50 avant J.C.

CELTIQVE

AQVITAINE

PROVINCE
ROMAINE

ous sommes en 50 avant Jésus-Christ. Toute la Gaule est
cupée par les Romains... Toute? Non! Un village peuplé
rréductibles Gaulois résiste encore et toujours à l'envahisseur.
la vie n'est pas facile pour les garnisons de légionnaires
mains des camps retranchés de Babaorum, Aquarium,
Laudanum et Petitbonum...

QUELQUES GAULOIS...

Astérix, le héros de ces aventures. Petit guerrier à l'esprit malin, à l'intelligence vive, toutes les missions périlleuses lui sont confiées sans hésitation. Astérix tire sa force surhumaine de la potion magique du druide Panoramix...

Obélix, est l'inséparable ami d'Astérix. Livreur de menhirs de son état, grand amateur de sangliers, Obélix est toujours prêt à tout abandonner pour suivre Astérix dans une nouvelle aventure. Pourvu qu'il y ait des sangliers et de belles bagarres.

Panoramix, le druide vénérable du village, cueille le gui et prépare des potions magiques. Sa plus grande réussite est la potion qui donne une force surhumaine au consommateur. Mais Panoramix a d'autres recettes en réserve...

Assurancetourix, c'est le barde. Les opinions sur son talent sont partagées : lui, il trouve qu'il est génial, tous les autres pensent qu'il est innommable. Mais quand il ne dit rien, c'est un gai compagnon, fort apprécié...

Abraracourcix, enfin, est le chef de la tribu. Majestueux, courageux, ombrageux, le vieux guerrier est respecté par ses hommes, craint par ses ennemis. Abraracourcix ne craint qu'une chose : c'est que le ciel lui tombe sur la tête, mais comme il le dit lui-même : « C'est pas demain la veille ! »

ALEXANDRIE, CAPITALE DU ROYAUME D'ÉGYPTE. DANS LE PALAIS DE CLÉOPATRE, LA REINE LÉGEN-DAIRE, CELLE DONT IL A ÉTÉ DIT, QUE SI SON NEZ EUT ÉTÉ PLUS COURT, IL EUT CHANGÉ LA FACE DU MONDE....

CE QUE TU DIS LÀ EST INFÂME, Ô CÉSAR!...

IL FAUT SE RENDRE À L'ÉVIDENCE, Ô MA REINE. TON PEUPLE EST DÉCADENT! IL EST TOUT JUSTE BON À VIVRE SOUS LA DÉPENDANCE DE ROME, DANS UN DEMI-ESCLAVAGE.

MON PEUPLE A CONSTRUIT LES PYRAMIDES! LA TOUR DE PHAROS! LES TEMPLES! LES OBÉLISQUES!

C'EST VIEUX, TOUT ÇA. MAINTENANT, IL EST TOUT JUSTE BON À ATTENDRE LA CRUE DU NIL...

ASSEZ!

CRAC!

JE TE PROUVERAI, MOI, Ô CÉSAR, QUE MON PEUPLE A GARDÉ TOUT SON GÉNIE! DANS TROIS MOIS, JOUR POUR JOUR, JE T'AURAI FAIT CONSTRUIRE UN PALAIS SOMPTUEUX, ICI, À ALEXANDRIE!

SI TU RÉUSSIS, Ô MA REINE, JE RECONNAÎTRAI QUE MES PAROLES ONT ÉTÉ ERRONÉES, ET QUE TON PEUPLE EST ENCORE UN GRAND PEUPLE!...

...MAIS, J'EN DOUTE!

ELLE EST GENTILLE, MAIS LES ÉPICES LUI MONTENT FACILEMENT AU NEZ...

CRAC!

...QU'ELLE A JOLI D'AILLEURS!

PEU APRÈS...

NOTE : POUR LA COMMODITÉ DE NOS LECTEURS, NOUS VOUS PRÉSENTONS UNE VERSION DOUBLÉE DU DIALOGUE...

NUMÉROBIS, JE T'AI CONVOQUÉ CAR TU ES LE MEILLEUR ARCHITECTE D'ALEXANDRIE...CE QUI N'EST PAS GRAND CHOSE.

OH!*

*LE MOUVEMENT DES LÈVRES NE CORRESPOND PAS TRÈS BIEN À LA PAROLE CAR, À CETTE LOINTAINE ÉPOQUE, LA TECHNIQUE DU DOU--BLAGE N'ÉTAIT PAS ENCORE AU POINT.

NE PROTESTE PAS! TES CONSTRUCTIONS SONT FRAGILES! ON ENTEND TOUT CE QUE DISENT LES VOISINS! LES PLAFONDS S'ÉCROULENT!

C'EST QUE LES MATÉRIAUX MODERNES...ET PUIS MOI, CE QUE J'AIMERAIS FAIRE, CE SONT DES PYRAMIDES. ET...

SILENCE! TU AS TROIS MOIS POUR TE RACHETER, EN CONSTRUISANT UN PALAIS MAGNIFIQUE, ICI, À ALEXANDRIE, POUR JULES CÉSAR!

TROIS MOIS?

SI TU RÉUSSIS, JE TE COUVRIRAI D'OR; SINON, JE TE JETTERAI AUX CROCODILES! VA!...

TROIS MOIS!... POUR RÉUSSIR CE TRAVAIL, IL FAUDRAIT QUE J'AIE DES POUVOIRS SURNATURELS! QUE JE SOIS AIDÉ PAR UN MAGE...

JE SUIS SAUVÉ!... JE CONNAIS L'HOMME QU'IL ME FAUT! IL EST CAPABLE DE PRODIGES!

CLAC!

TRÈS LOIN DE LÀ DANS UN PETIT VILLAGE GAULOIS....

CDXXI* ENCORE!...ÇA TIENT DU PRODIGE!

HÉ! HÉ! C'EST DU PRODIGE!

ÇA NE PRENDRA JAMAIS CHEZ NOUS, CE JEU ROMAIN...

* 421

...A PAIX QUI RÈGNE DANS LE VILLAGE DES RÉDUCTIBLES GAULOIS, VA BIENTÔT ÊTRE TROUBLÉE...

JE VAIS LE DRESSER À PORTER DES MENHIRS, CE PETIT CHIEN !...

OUAIS. EN ATTENDANT, VIENS DRESSER LA TABLE POUR MANGER CE GROS SANGLIER.

...PAR L'ARRIVÉE D'UN ÉTRANGE ÉTRANGER...

LE DRUIDE PANORAMIX, JE VOUS PRIE ?...

SUR L'ARBRE, LÀ, EN TRAIN DE CUEILLIR DU GUI.

PANORAMIX ?

??!

OH, QUELLE BONNE SURPRISE !

JE SUIS MON CHER AMI, TRÈS HEUREUX DE TE VOIR.

C'EST UN ALEXANDRIN.

JE VOUS PRÉSENTE MON AMI NUMÉROBIS, UN ARCHITECTE D'ALEXANDRIE QUE J'AI CONNU AU COURS DE MES VOYAGES.

J'AI FAIT CE LONG TRAJET Ô PANORAMIX, CAR J'AI BESOIN DE TON AIDE...

JE DOIS CONSTRUIRE UN PALAIS POUR CÉSAR, DANS UN DÉLAI DE TROIS MOIS. FAUTE DE QUOI, CLÉOPÂTRE VA ME JETER AUX CROCODILES !...

...ET SI JE NE SUIS PAS AIDÉ PAR TES POUVOIRS MAGIQUES, JE NE RÉUSSIRAI PAS ! BOUHOUHOUHOU !

ÇA SE MANGE, LES CROCODILES ?...

CHUT, OBÉLIX !

CALME-TOI, NUMÉROBIS. JUSTEMENT, JE VOULAIS ALLER CONSULTER QUELQUES MANUSCRITS DANS LA BIBLIOTHÈQUE D'ALEXANDRIE....

C'EST UNE OCCASION ! JE VAIS T'ACCOMPAGNER EN ÉGYPTE !...

NOUS AUSSI !

PAR OSIRIS ! VOUS DITES VRAI ?...

OUAH !

3

NOUS POUVONS APPAREILLER, TUMÉHÉRIS!

MAIS JE T'ASSURE ASTÉRIX, JE NE SAIS PAS COMMENT IL EST ENTRÉ DANS MON SAC!...

MAIS OUI, MAIS OUI! AVANCE, TU VAS NOUS FAIRE RATER LA MARÉE.

ET SOUS LA BISE GLACÉE D'HIVER, NOS AMIS COMMENCENT LEUR LONG VOYAGE VERS L'ÉGYPTE, VERS LE ROYAUME DE LA LÉGENDAIRE CLÉOPATRE.

EN ÉGYPTE NOUS AURONS À LUTTER CONTRE LE TEMPS, LA MAIN D'ŒUVRE DÉFAILLANTE, CONTRE LES ROMAINS QUI VOUDRONT NOUS EMPÊCHER DE GAGNER LE PARI DE CLÉOPATRE ....

ET SURTOUT, CONTRE AMONBOFIS, UN ARCHITECTE CONCURRENT QUI VEUT TOUJOURS ME NUIRE... IL A BEAUCOUP DE TALENTS...

IL EST DOUÉ?...

NON, IL EST RICHE. IL A BEAUCOUP DE TALENTS D'OR. C'EST LA MONNAIE QUE NOUS UTILISONS.

ET PENDANT LE VOYAGE, IL Y A BIEN ENTENDU, LE DANGER DES PIRATES!

ÇA, ON S'EN OCCUPE. PAS VRAI, OBÉLIX?

EN EFFET, NON LOIN DE LÀ...

BON, GARÇONS, POUR OBTENIR CE BATEAU, J'AI DÛ LAISSER MON FILS ERIX EN GARANTIE. ALORS, ATTENTION! NE TOMBONS PLUS SUR CES GAULOIS. ÉVITONS LES NAVIRES GAULOIS, ROMAINS ET PHÉNICIENS QU'ILS UTILISENT HABITUELLEMENT!

NAVI'E EGYPTIEN À T'IBO'D!

PARFAIT! NOUS ALLONS NOUS REFAIRE! TOUT LE MONDE AU POSTE D'ABORDAGE!

QUE DIT CE GUETTEUR?

IL DIT QU'IL Y A UN NAVIRE PIRATE À BÂBORD!

C'EST VRAI?... C'EST PAS UNE BLAGUE?!!?

CE SONT EUX, ASTÉRIX! CE SONT EUX!... YOUHOU! YOUHOU! ON ARRIVE!

C'EST PAS VRAI! C'EST PAS VRAI! C'EST ENCORE EUX! FUYONS, S'IL EN EST ENCORE TEMPS!

IL N'EST PLUS TEMPS, CAPITAINE! ILS SONT PLUS 'APIDES QUE NOUS!... ALO'S QU'EST-CE QU'ON FAIT?

SABORDONS-NOUS. LE RÉSULTAT SERA LE MÊME ET ÇA NOUS ÉVITERA QUELQUES BAFFES....

PEU APRÈS...

EH BIEN, TU AVAIS DIT QUE NOUS ALLIONS NOUS REFAIRE ET NOUS SOMMES REFAITS. ALEA JACTA EST!

ENCORE UN MOT ET JE TE FAIS AVALER TA PATTE EN BOIS!!!

TRICHEURS! ÇA VAUT PAS! MAUVAIS JOUEURS!!!

QUEL PRODIGE! RIEN QU'EN VOUS VOYANT, LES PIRATES REFUSENT LE COMBAT ET COULENT LEUR PROPRE NAVIRE!

OH, CE SONT DE VIEILLES CONNAIS-SANCES... NOUS ALLONS SOUVENT À LA MER ENSEMBLE!

APRÈS UN LONG ET CALME VOYAGE, UNE NUIT...

QUELLE EST CETTE LUEUR À L'HORIZON NUMÉROBIS?

C'EST LA TOUR DE L'ÎLE DE PHAROS, DONT LE FEU GUIDE LES NAVIRES, ASTÉRIX....

NOUS SERONS À ALEXANDRIE, DEMAIN.

UNE TOUR, POUR GUIDER LES NAVIRES? ILS SONT FOUS CES ÉGYPTIENS!

C'EST UNE DES MERVEILLES DU MONDE, OBÉLIX!...

LE LENDEMAIN MATIN...

DÈS QUE NOUS AURONS ACCOSTÉ, JE VOUS CONDUIRAI AU PALAIS POUR VOUS PRÉSENTER À LA REINE.

DANS SON PALAIS, LA FASTUEUSE CLÉOPÂTRE SE PRÉPARE À PRENDRE SA COLLATION PRÉFÉRÉE : DES PERLES DISSOUTES DANS DU VINAIGRE.

PAR OSIRIS! OÙ EST DONC LA PINCE À PERLES?

TIENS, GOÛTEUR, FAIS TON MÉTIER!

BIEN, MA REINE.

CETTE GOURMANDE A ENCORE MIS QUATRE PERLES DANS SON VINAIGRE!

POUAH! J'AI HORREUR DU VINAIGRE TROP PERLÉ!

L'ARCHITECTE NUMÉROBIS DEMANDE LA FAVEUR D'UNE AUDIENCE!

QU'IL ENTRE...

Ô MA REINE! VOICI DES AMIS GAULOIS, UN MAGE PUISSANT ET DES GUER-RIERS VALEUREUX QUI VONT M'AIDER DANS MON ENTREPRISE...

IDÉFIX!

GRRRAOORRR!

BIEN. MAIS FAITES VITE, IL NE VOUS RESTE PLUS BEAUCOUP DE TEMPS ET CÉSAR ME NARGUE TOUS LES JOURS. SI VOUS RÉUSSISSEZ, IL Y AURA DE L'OR POUR TOUT LE MONDE... SINON, LES CROCODILES!

...ET JE TE PRÉVIENS, NUMÉROBIS, AMONBOFIS, TON CONCURRENT, T'EN VEUT BEAUCOUP D'AVOIR ÉTÉ CHOISI À SA PLACE POUR CONSTRUIRE LE PALAIS DE CÉSAR. JE CROIS QU'IL VERRAIT AVEC PLAISIR TA CARRIÈRE FINIR DANS UN CROCODILE. ET MAINTENANT, ALLEZ!

ELLE À L'AIR D'AVOIR MAUVAIS CARACTÈRE, MAIS ELLE A UN JOLI NEZ...

UN TRÈS JOLI NEZ!

11

JE VOUS EMMÈNE CHEZ MOI...

C'EST TA MAISON, ÇA ?!...

EUH... OUI... C'EST MOI QUI L'AI CONSTRUITE !...

LA PORTE EST ENCORE COINCÉE... J'AI DÛ ME TROMPER EN DESSINANT LES PLANS...

JE VAIS VOUS AIDER.

CRAC !

NON, OBÉLIX !

NE LE GRONDEZ PAS... AU FOND, C'EST BIEN PLUS PRATIQUE COMME ÇA.

EUH... VOUS FEREZ ATTENTION AUX MARCHES !

J'AI L'IMPRESSION QUE TU AVAIS VRAIMENT BESOIN DE NOTRE AIDE NUMÉROBIS

C'EST ICI QUE JE TRAVAILLE... JE VOUS PRÉSENTE MISENPLIS, MON SCRIBE. UN AMI FIDÈLE QUI PARLE TRÈS BIEN VOTRE LANGUE ET TOUTES LES LANGUES VIVANTES : LE LATIN, LE GREC, LE CELTE, ETC...

C'EST UNE BONNE SITUATION ÇA, SCRIBE ?...

OH, C'EST UNE SITUATION ASSISE... ACCROUPIE, PLUTÔT.

ET COMMENT DEVIENT-ON SCRIBE ?

J'AI APPRIS PAR CORRESPONDANCE... UNE TRÈS BONNE ÉCOLE...

...QUI PROCLAME AVEC RAISON, QUE SI VOUS SAVEZ DESSINER, VOUS SAVEZ ÉCRIRE !

L'ARCHITECTE AMONBOFIS DEMANDE À ME VOIR? QU'IL ENTRE.

NUMÉROBIS, JE VAIS DROIT AU BUT! CONSTRUISONS ENSEMBLE LE PALAIS DE CÉSAR. SI NOUS RÉUSSISSONS, DANS LES DÉLAIS PRÉVUS, NOUS NOUS PARTAGERONS L'OR....

SINON, TU IRAS TE FAIRE DÉVORER SEUL PAR LES CROCODILES... APRÈS TOUT, LÀ OÙ IL Y EN A UN À MANGER, INUTILE D'EN METTRE DEUX.

JE REFUSE! JE N'AIME PAS TES MÉTHODES DE TRAVAIL! TU UTILISES DES ESCLAVES QUE TU TUES À LA TÂCHE! TU ES CRUEL ET FOURBE! SORS DE CHEZ MOI!

TU LE REGRETTERAS! JE FERAI EN SORTE QUE CLÉOPÂTRE PERDE SON PARI! TOI ET TES AMIS, SEREZ JETÉS AUX CROCODILES! JE LEUR SOUHAITE BON APPÉT...

?!?

POC! POC!

BONG!

PAF!

IL A LA DENT DURE!

IL NE MÂCHE PAS SES MOTS!...

IL A UNE HAINE DÉVORANTE!

IL EST MORDANT!

N'UTILISEZ PAS CES TERMES-LÀ...

...VOUS ME FAITES PENSER AUX CROCODILES!

IDÉFIX!!!

SNIF! SNIF!

VENEZ PLUTÔT AVEC MOI SUR LE CHANTIER, À LA SORTIE D'ALEXANDRIE. VOUS VERREZ COMMENT ON CONSTRUIT, CHEZ NOUS!....

BRADABOUM!

?!

14

LES OUVRIERS QUI FONT LA PAUSE LENTILLES* VOIENT ARRIVER UN VISITEUR INATTENDU...

*METS TRÈS POPULAIRE CHEZ LES ÉGYPTIENS.

?! !?! ?! !?!? ? ?! ? ?

...DONT LES PROPOS SEMBLENT LES INTÉRESSER AU PLUS HAUT POINT.

HÉ, HÉ, HÉ HÉ, HÉ!

ET QUAND LA FIN DE LA POSE EST SONNÉ....

BOUHOUHOUHOU

...LES OUVRIERS METTENT, POUR RETOURNER AU TRAVAIL...

...UNE MAUVAISE VOLONTÉ ÉVIDENTE.

MAÎTRE! LES OUVRIERS REFUSENT DE REPRENDRE LE TRAVAIL! JE CROIS QUE QUELQU'UN LES A MONTÉS CONTRE VOUS!

?!

TOUS CES SOUCIS ME FONT TOURNER LE SANG! LES CROCODILES VONT ME TROUVER IMMANGEABLE!

TANT MIEUX! VOUS TENEZ TANT QUE ÇA À FAIRE UN BON REPAS?

MAIS CE SONT DES CROCODILES SACRÉS! ON NE PEUT PAS LEUR DONNER N'IMPORTE QUOI À MANGER!

ILS SONT FOUS, CES ÉGYPTIENS!

TOC! TOC! TOC!

15

ALLONS VOIR CE QUI SE PASSE !

C'EST BIEN CE QUE JE PENSAIS: ILS DEMANDENT ENCORE UNE DIMINUTION.

UNE AUGMENTATION VOUS VOULEZ DIRE.

NON, IL NE S'AGIT PAS DE SALAIRES; ILS SONT TRÈS BIEN PAYÉS. ILS DEMANDENT UNE DIMINUTION DE COUPS DE FOUET... ET SI JE DIMINUE LES COUPS DE FOUET, ILS TRAVAILLERONT MOINS VITE ET LE PALAIS NE SERA JAMAIS FINI À TEMPS !

TU COMMENCES À M'ÉCHAUFFER LES OREILLES AVEC TES COUPS DE FOUET ! CE N'EST PAS UNE FAÇON DE TRAITER LES GENS ! ASTÉRIX, ALLUME-MOI UN BON FEU SOUS CETTE MARMITTE !...

JE VAIS VOUS MONTRER, MOI, COMMENT ON FAIT TRAVAILLER LES HOMMES !....

NON. PAS TOI.

BON.

FAIS-LEUR UNE PETITE DÉMONSTRATION, ASTÉRIX !

GLOUP GLOUP GLOUP !

OUAH! OUAH!

POF!

12

17

CES PRODIGIEUX MAGES ÉTRANGERS VONT FINIR PAR FAIRE TRIOMPHER NUMÉROBIS! IL FAUT QUE JE FASSE QUELQUE CHOSE!

TOURNEVIS!

AMONBOFIS, MON MAÎTRE?

JE SAIS QUE NUMÉROBIS ATTEND DES PIERRES QUI ARRIVENT DU SUD, PAR LE NIL. CES PIERRES NE DOIVENT PAS PARVENIR AU CHANTIER ... VOICI DE L'OR POUR TRAITER CETTE AFFAIRE!

TOURNEVIS A RENCONTRÉ LE CONVOI AMENANT DES PIERRES POUR LE CHANTIER DE NUMÉROBIS, ET L'OR A VITE FAIT D'EFFACER LES SCRUPULES DU CHEF DE CARAVANE...

* DÉBARQUEZ LES PIERRES!

* PAS SUR LA RIVE! DE L'AUTRE CÔTÉ!

BOF!

LES OUVRIERS, ORIGINAIRES DU SUD DE L'ÉGYPTE OBÉISSENT SANS DISCUTER.

PLAF!

PLOUF!

⑭

* VÉ! FAUT PAS CHERCHER À COMPRENDRE, PEUCHÈRE!
* TÉ! SI TU VEUX MON AVIS, LE CHEF, IL EST FADA!

POURQUOI LES OUVRIERS NE TRAVAILLENT-ILS PLUS ?

IL N'Y A PLUS DE PIERRES. JE SUIS D'AILLEURS INQUIET; LA CARAVANE QUI DOIT AMENER DE NOUVELLES PIERRES DES CARRIÈRES DU SUD EST EN RETARD.

Ô NUMÉROBIS! LE CHEF DE LA CARAVANE ARRIVE AVEC LES PIERRES POUR LA CONSTRUCTION!

AH! ENFIN!

IL DIT QUE LES CARRIÈRES SONT ÉPUISÉES ET QUE C'EST TOUT CE QU'IL A PU RAPPORTER. IL VEUT ÊTRE PAYÉ POUR SON VOYAGE.

JE CROIS QU'IL MENT!

JE PEUX LE FAIRE PARLER DIS, JE PEUX ?

BON, MAIS N'Y VA PAS TROP FORT.

COMMENT ON DIT : PARLE ?

PAF! PAF! PAF! PAF! PAF! PAF!

HOUA! HOUA! HOUA!

IL DIT QU'IL A ÉTÉ PAYÉ PAR AMONBOFIS POUR JETER LES PIERRES DANS LE NIL, QU'IL Y A ENCORE DES PIERRES DANS LA CARRIÈRE, DES TAS DE PIERRES, QU'IL VEUT BIEN ALLER EN CHERCHER, QUE VOUS TAPIEZ MOINS FORT S'IL VOUS PLAÎT ET QU'IL JURE PAR ISIS, OSIRIS ET SÉRAPIS QU'IL NE RECOMMENCERA PLUS.

POUR PLUS DE SÛRETÉ, NOUS IRONS CHERCHER LES PIERRES AVEC LUI.

OUI, MAIS FAITES VITE! LE TEMPS PRESSE!

POF!

19

PEU APRÈS...

NOUS ALLONS ATTEINDRE LE NIL ET LÀ, NOUS SUIVRONS LE COURS DU FLEUVE JUSQU'AU SUD.

PENDANT CE TEMPS, CHEZ L'INFÂME AMONBOFIS...

J'AI APPRIS QUE CES ÉTRANGERS QUI FONT DES PRODIGES SE SONT EMBARQUÉS POUR CHERCHER DES PIERRES. ILS NE DOIVENT PAS REVENIR DE CE VOYAGE, TOURNEVIS! VOILÀ CE QUE TU VAS FAIRE...

LE TRAIN DE BATEAUX GLISSE LENTEMENT SUR LE MAJESTUEUX FLEUVE SACRÉ: LE NIL

C'EST LENT!

TRÈS LENT!

TROP LENT!

QUE L'ON S'APPROCHE DE LA RIVE ET QUE L'ON RELIE SOLIDEMENT LES BATEAUX AVEC DES CORDES!

ENFIN, UN PEU D'EXERCICE!

?

PAR TOUTATIS! J'AI BEAU SAVOIR QU'IL EST TOMBÉ DANS UNE MARMITE DE POTION MAGIQUE ÉTANT PETIT, CE GARÇON M'ÉTONNERA TOUJOURS!

LA NUIT TOMBÉE, ON FAIT ÉTAPE SUR LES BORDS DU FLEUVE...

DES LENTILLES! PAS LE MOINDRE SANGLIER... APRÈS ON S'ÉTONNERA SI JE SUIS FAIBLE!

DEMAIN, NOUS IRONS VISITER LE SPHINX ET LES PYRAMIDES. C'EST TOUT PRÈS ET ÇA VAUT LA PEINE!

MAIS DANS L'OMBRE, UN ENNEMI SOURNOIS, ÉPIE, GUETTE ET ATTEND.

HÉ!

HÉ!

HÉ!

16

BRAVO OBÉLIX! BRAVO!

SNIF?

ON POURRAIT PEUT-ÊTRE LE RECOLLER?

TU ES UN BRISE-TOUT! ENCORE HEUREUX QU'ON NE NOUS AIT PAS VUS. LA SEULE CHOSE À FAIRE, C'EST D'ENFOUIR LE NEZ DANS LE SABLE.

PEU APRÈS...

VOILÀ!

PERSONNE N'AURA L'IDÉE DE VENIR FAIRE DES FOUILLES ICI.

¡DÉFIX!!!

VIENS PANORAMIX, NE NOUS ATTARDONS PAS. JE T'EXPLIQUERAI!

EXPLIQUER? POURQUOI EXPLIQUER?

MAIS MON PORTRAIT N'EST PAS TERMINÉ!

?

C'EST DOMMAGE, C'ÉTAIT RESSEMBLANT... SURTOUT LE SPHINX...

MAIS... LE SPHINX?!

POC! POC!

ET MAINTENANT VOUS CONNAISSEZ LA RAISON POUR LAQUELLE LE SPHINX N'A PAS DE NEZ. C'EST DOMMAGE D'AILLEURS, CAR CE NEZ, QUI N'A JAMAIS ÉTÉ RETROUVÉ, ÉTAIT UN BEAU NEZ. PAS AUSSI BEAU, CEPENDANT, QUE CELUI DE CLÉOPÂTRE, QUI ÉTAIT, COMME NOUS CROYONS VOUS L'AVOIR DIT, FORT JOLI.

POC! POC! POC! POC! POC! POC! POC! POC! POC! POC! POC! POC! POC! POC! POC! POC! POC! POC!

EN CONSTRUISANT CES PYRAMIDES, TOMBEAUX DES PHARAONS, LES ÉGYPTIENS ONT DONNÉ UNE MERVEILLE AU MONDE !

MAGNIFIQUE !

BAH ! ÇA NE VAUT PAS UN BEAU MENHIR !

DU HAUT DE CES PYRAMIDES, OBÉLIX, VINGT SIÈCLES NOUS CONTEMPLENT !

SERIEZ-VOUS INTÉRESSÉS À VISITER L'INTÉRIEUR DES PYRAMIDES ?

TIENS ? JE CROYAIS QU'IL ÉTAIT IMPOSSIBLE DE PÉNÉTRER DANS CES TOMBEAUX...

ILS SONT FOUS CES ÉGYPTIENS !...

DES PILLARDS Y SONT DÉJÀ ENTRÉS... TRÈS PEU EN SONT SORTIS...

MAIS BIEN ENTENDU, DE SI NOBLES VISITEURS PEUVENT ME FAIRE CONFIANCE.

EH BIEN, NOUS ACCEPTONS AVEC JOIE...

CE N'EST PAS POUR LES PETITS CHIENS, LÀ-DEDANS... ALORS, ATTENDS-NOUS LÀ... SI TU ES SAGE, TU AURAS UN BEL OS !

DANS LA PYRAMIDE...

NE ME PERDEZ PAS DE VUE, CAR VOUS NE SORTIRIEZ PAS VIVANTS DE CE LABYRINTHE

ENTREZ, ENTREZ... LES HIÉROGLYPHES QUI ORNENT CETTE SALLE SONT MAGNIFIQUES.

VLAM !

?!

VOUS NE SORTIREZ JAMAIS D'ICI, ÉTRANGERS ! CE TOMBEAU SERA VOTRE TOMBEAU !

S'ILS S'EN SORTENT DE CELLE-LÀ, PAR ISIS, JE JURE DE NE JAMAIS PLUS ME RASER LA TÊTE!

BON. POUR COMMENCER, IL FAUDRAIT OUVRIR CETTE PORTE.

TOUT ÇA NE SERAIT PAS ARRIVÉ DANS UN MENHIR!...

POUR LA PREMIÈRE FOIS, OBÉLIX, VU LES CIRCONSTANCES, JE VAIS TE DONNER À BOIRE DE MA POTION MAGIQUE.

VRAI?

PUISQU'ON TE LE DIT!

UNE, DEUX, TROIS GOUTTES... CELA SUFFIRA.

ET MAINTENANT, OUVRE CETTE PORTE!

JE SUIS BIEN CONTENT D'ÊTRE VENU DANS LA PYRAMIDE...

PAF!

SWOUSHH!

JE NE VOIS PAS UNE TRÈS GRANDE DIFFÉRENCE AVANT ET APRÈS LA POTION...

IL S'AGIT DE RETROUVER NOTRE CHEMIN DANS LE LABYRINTHE DES COULOIRS...

C'EST ÇA QUI SERA LE PLUS DIFFICILE...

EN EFFET, PLUSIEURS HEURES PLUS TARD...

C'EST LA DIXIÈME FOIS QUE NOUS ABOUTISSONS À CET ENDROIT... LES PHARAONS AVAIENT DE BONS ARCHITECTES.

LA SITUATION EST GRAVE.

TRÈS GRAVE... JE COMMENCE À AVOIR FAIM.

DANS LA PYRAMIDE...

MES POUVOIRS SONT INSUFFISANTS POUR NOUS SORTIR D'ICI... JE CRAINS FORT QUE CE SOIT LA FIN DE NOS AVENTURES, PAR BÉLÉNOS!

ÇA ME FAIT DE LA PEINE POUR NUMÉROBIS... SANS NOUS, IL FINIRA DANS UN CROCODILE.

MOI, ÇA ME FAIT DE LA PEINE POUR MON PAUVRE PETIT IDÉFIX... PAS VRAI, IDÉFIX?...

IDÉFIX?!

BEN OUI, QUOI, IDÉFIX! VOUS N'ALLEZ PAS ME REPROCHER DE L'AVOIR AMENÉ? D'ABORD, JE NE L'AI PAS AMENÉ. IL EST VENU TOUT SEUL!

JUSTEMENT! IL NOUS A RETROUVÉS GRÂCE À SON FLAIR... IL PEUT DONC RETROUVER SON CHEMIN ET NOUS AIDER À SORTIR D'ICI!

MAIS C'EST VRAI, ÇA!

IDÉFIX, SI TU NOUS AIDES À SORTIR D'ICI, TU AURAS UN TRÈS GROS OS, DEHORS!

TU AURAS DEUX GROS OS!

DES TAS DE GROS OS!

OBÉLIX, JE TE DEMANDE PARDON! TU AVAIS VRAIMENT RAISON DE L'EMMENER CE TOUTOU!

QUELQUEFOIS, J'AI L'IMPRESSION QU'IL COMPREND TOUT CE QUE JE LUI DIS!

21 V

③ LES ÉTRANGERS ONT DISPARU. TU N'AS PLUS BESOIN DE CONTINUER TON VOYAGE.
② J'AVAIS COMPRIS.

DES MAGES! VOUS ÊTES DES MAGES! SEUL UN ÊTRE SURHUMAIN PEUT RETROUVER SON CHEMIN DANS...

POP! POP! POP!

PAFF!

LES BATEAUX REPRENNENT LEUR ROUTE ET REMONTENT PAISIBLEMENT LE COURS DU NIL...

SCROTCH! SCROTCH! SCROTCH!

...ET LE VOYAGE EST AGRÉMENTÉ PAR DES ESCALES INTÉRESSANTES, LOUQSOR, PAR EXEMPLE...

NON, NON ET NON, OBÉLIX! CET OBJET AU MILIEU DE LA PLACE DU VILLAGE? MAIS CE SERAIT RIDICULE, VOYONS!

NOS OPINIONS NE CONCORDENT JAMAIS!

PENDANT CE TEMPS, À ALEXANDRIE...

Ô AMONBOFIS, MON MAÎTRE... CE SONT DES MAGES! DES ÊTRES SURHUMAINS!

!?

ILS ONT RÉUSSI À SORTIR DU LABYRINTHE DE LA GRANDE PYRAMIDE!

PRODIGIEUX! ILS SONT PRODIGIEUX!

RAISON DE PLUS POUR TROUVER UN MOYEN DE LES EMPÊCHER D'AIDER NUMÉROBIS À CONSTRUIRE CE PALAIS, TOURNEVIS!

APRÈS UN VOYAGE DE NOMBREUX STADES ①...

ENFIN, MES AMIS, VOUS VOICI DE RETOUR !

ET NOUS T'APPORTONS SUFFISAMMENT DE PIERRES POUR FINIR LE PALAIS !

① LE STADE EST UNE ANCIENNE MESURE QUI VAUT 168 MÈTRES. QUAND ON SAIT QUE LE PIED VAUT ENVIRON 33 CM. ET QUE L'ALEXANDRIN COMPTE 12 PIEDS, IL EST FACILE DE CALCULER QU'UN STADE VAUT ENVIRON 42 ALEXANDRINS.

LES OUVRIERS TRAITÉS À LA POTION MAGIQUE TRAVAILLENT AVEC CÉLÉRITÉ.

SI JE N'ÉTAIS PAS LÀ POUR CORRIGER CES PLANS !...

JE VIENS D'APPRENDRE QUE CLÉOPÂTRE VA VENIR VISITER LE CHANTIER !

EN EFFET...

NE VOUS ARRÊTEZ PAS. JE VIENS ICI EN TOUTE SIMPLICITÉ, INCOGNITO... CONTINUEZ. C'EST BIEN.

IL N'Y A PAS À DIRE, ELLE A UN JOLI NEZ !

UN TRÈS JOLI NEZ !

TU AS VU SON NEZ IDÉFIX ?

PENDANT CE TEMPS CHEZ AMONBOFIS.

UNE IDÉE ! IL ME FAUT UNE IDÉE !

AIDE-MOI ! ET POUR LA **DERNIÈRE FOIS VA TE RASER LA TÊTE !!!**

JE NE PEUX PAS MAÎTRE. C'EST UN VOEU...

JE VIENS D'AVOIR UNE IDÉE HORRIBLE !...

PAF !

㉓

27

VA PORTER CE PAQUET À LA REINE CLÉOPÂTRE.

OUI MAÎTRE.

PEU APRÈS...

UN CADEAU ? DONNE.

UN GÂTEAU ! ET IL Y A UN MESSAGE !

EN HOMMAGE À LA REINE DES REINES, DE LA PART DES TROIS GAULOIS

C'EST TRÈS AIMABLE À EUX. TU PEUX TE RETIRER.

ELLE A VRAIMENT UN TRÈS JOLI NEZ !

MAJORDOME !

TU ME SERVIRAS CE GÂTEAU AU DESSERT, CE SOIR...

REPAS INTIME... JE SERAI SEULE. ALORS JUSTE 40 DANSEURS ET DANSEUSES, 80 MUSICIENS ET 300 PLATS SIMPLES...

ET, LE SOIR VENU, SUR LE CHANTIER DE NUMÉROBIS...

À TABLE ! À TABLE ! IL Y A DU SANGLIER QUI VIENT D'ARRIVER PAR GALÈRE !

NOUS VENONS ARRÊTER LES TROIS GAULOIS ! ORDRE DE LA REINE !

?!

BOIS CECI, GOÛTEUR, ET TU IRAS MIEUX!

ALORS, LEUR DONNER DES BAFFES, C'EST BIEN, MAIS MANGER DES AMANDES, C'EST MAL?

IL Y A UN TEMPS POUR LES BAFFES ET UN TEMPS POUR LES AMANDES!... C'EST ÇA LA BONNE ÉDUCATION!!!

GLOU, GLOU, GLOU

ÇA VA MIEUX... BEAUCOUP MIEUX...

ÇA VA MÊME BIEN, J'AI FAIM!

LE GÂTEAU N'A RIEN À VOIR AVEC LE MALAISE DU GOÛTEUR, Ô REINE. IL EST SIMPLEMENT DÉLICAT DE L'ESTOMAC. ABUS DE NOURRI-TURES TROP RICHES!

J'AI ÉTÉ INJUSTE ENVERS VOUS, GAULOIS. JE VOUS RENDS LA LIBERTÉ ET JE CONGÉDIE CE GOÛTEUR DONT L'ESTOMAC A FAIT COMMETTRE UNE FAUTE À LA REINE DES REINES!

IL Y AVAIT DANS CE GÂTEAU, DE QUOI EMPOISONNER UNE COHORTE DE LÉGIONNAIRES. HEUREUSEMENT QUE NOUS AVIONS BU MON ANTIDOTE...

DITES, JE VOUS REMERCIE! CE MÉTIER DE GOÛTEUR ME DÉGOÛTAIT... IL M'EMPOISONNAIT LA VIE!...

ALLEZ, JE VOUS QUITTE. C'EST L'HEURE DE MON GOÛTER.

RETOURNONS AU CHANTIER. NOUS DEVONS TROUVER LE COUPABLE DE CET ATTENTAT!

ASTÉRIX, C'EST QUOI UN ANTIDOTE?

ET, AU CHANTIER...

IDÉFIX! TU AS FAILLI ME RENVERSER!

GRÂCE À RÂ, VOUS ÊTES DE RETOUR! MON MAÎTRE NUMÉROBIS A DISPARU TOUT DE SUITE APRÈS VOTRE ARRESTATION!

!!!

28

OBÉLIX, ALLONS CHEZ AMONBOFIS. JE SUIS SÛR QU'IL SAIT OÙ EST NUMÉROBIS !

PEU APRÈS...

C'EST PAR LÀ, D'APRÈS L'ADRESSE QUE NOUS A DONNÉE MISENPLIS.

ÉCOLE

OUVREZ, SI VOUS TENEZ A VOTRE PORTE, PAR BÉLÉNOS !

QUELS SONT CES CRIS, PAR...

LES GAU... LES GAUGAU...

29 A

...OUI, LES GAULOIS QUI VEULENT VOIR AMONBOFIS, TON MAÎTRE.

·JE...JE VAIS VOIR S'IL EST LÀ...

BONNE IDÉE ! NOUS ALLONS T'ACCOMPAGNER !

PATRON, IL Y A QUELQU'UN QUI VEUT VOUS VOIR...

?!

Pharaon-Soir

...VOUS ? CLÉOPÂTRE NE VOUS A PAS JETÉS AUX CROCODI...

C'EST UN AVEU !

C'EST DONC TOI QUI AS ENVOYÉ LE GÂTEAU EMPOI-SONNÉ À CLÉOPÂTRE !

GÂTEAU ? QUEL GÂTEAU ? NON, NON, NON ! C'EST UNE ERREUR. UNE ERREUR ! OH LÀ LÀ !

29 B

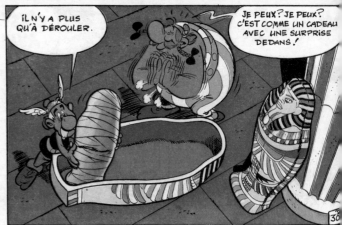

ÇA VA NUMÉROBIS ?

COMME ÇA... J'AI LE VERTIGE !

C'EST SANS DOUTE À CAUSE DES PRIVATIONS. PAUVRE NUMÉROBIS !

J'AVOUE MA DÉFAITE. J'AI VOULU VOUS EMPÊCHER DE FINIR LE PALAIS. VOILÀ. SANS RANCUNE ?

SANS RANCUNE. ET POUR VOUS LE PROU-VER, NOUS VOUS EMMENONS TOUS LES DEUX AVEC NOUS. NOUS AVONS UNE SITUATION POUR VOUS.

PEU APRÈS, DANS LE CHANTIER...

VOILÀ OÙ J'EN SUIS PARCE QUE VOUS M'AVEZ POUSSÉ À COMMETTRE DE MAUVAISES ACTIONS, PATRON !...

TAIS-TOI ET TIRE, MAINTENANT !

LA CONSTRUCTION AVANCE BIEN, NUMÉROBIS.

GRÂCE À VOUS TROIS, PANORAMIX !

PENDANT CE TEMPS DANS LE PALAIS DE CLÉOPÂTRE.

AVÉ, CLÉOPÂTRE. ALORS, ÇA AVANCE CE PALAIS ? PARCE QUE LE DÉLAI EST BIENTÔT TERMINÉ.

AVÉ, CÉSAR. MAIS ÇA AVANCE TRÈS BIEN, JULES. BIENTÔT NOUS POURRONS ORGANISER UNE PETITE FÊTE POUR INAUGURER LE BÂTIMENT.

AVÉ CÉSAR !

AVÉ, LÉGIONNAIRE. VA ME CHERCHER GINFIS, MON ESPION ÉGYPTIEN.

AVÉ, CÉSAR !

AVÉ, AVÉ, GINFIS ; JE VAIS PERDRE LA FACE DEVANT CLÉOPÂTRE...

ON M'AVAIT DIT QUE NUMÉROBIS, L'ARCHITECTE DU PALAIS, ÉTAIT UN INCAPABLE ; OR, IL PARAÎT QUE LE PALAIS SERA PRÊT À TEMPS. VA VOIR SUR LE CHANTIER CE QUI SE PASSE, PAR JUPITER !

Ô, CÉSAR! J'AI VU DANS LE CHANTIER DES CHOSES PRODIGIEUSES! LES OUVRIERS BOIVENT UNE POTION MAGIQUE QUI LEUR DONNE UNE FORCE ÉNORME ET LEUR PERMET DE SOULEVER LES PLUS LOURDES CHARGES. J'AI BU CETTE POTION!

JE ME DEMANDE, GINFIS, SI TU N'AS PAS BU AUTRE CHOSE QUE DE LA POTION...

TU NE ME CROIS PAS, Ô CÉSAR? JE SUIS UN ÊTRE FAIBLE, MOU ET SOUFFRETEUX. ET POURTANT, JE SUIS SÛR DE POUVOIR VAINCRE L'HOMME LE PLUS FORT DE TA GARDE PERSONNELLE!

PACOTÉALARGUS, DONNE UNE PAIRE DE CLAQUES À CE PRÉSOMPTUEUX.

CLAP!

HI! HI! HI! HI! HI! HI! HI! HI!

PAF!

HI! HI! HI! HI! HI! HI!

?!

33

HMMM... ÇA VA, PACOTÉALARGUS, TU PEUX TE RETIRER... MERCI.

HI! HI! HI! HI! HI! HI! HI! HI! HI!

TU NE MENTAIS DONC PAS... ET POURTANT, JE NE CONNAIS QU'UN HOMME CAPABLE DE PRÉPARER UNE TELLE POTION...

MAIS IL EST TRÈS LOIN D'ICI... C'EST UN DRUIDE GAULOIS...

UN DRUIDE GAULOIS?!?

IL Y A DES GAULOIS DANS LE CHANTIER! TROIS GAULOIS!

COMMENT? UN VIEUX DRUIDE A BARBE BLANCHE, UN PETIT MALIN ET UN GROS AHURI?

C'EST CELA MÊME, Ô CÉSAR!

ASTÉRIX, OBÉLIX ET PANORAMIX! LES IRRÉDUCTIBLES GAULOIS! ILS SONT CAPABLES DE TOUS LES PRODIGES... IL FAUT AGIR!

33

LE LENDEMAIN, À LA PÂLE LUEUR DE L'AUBE...

*COCORICOOOOOO

ET PEU APRÈS, SUR LE CHANTIER...

MAÎTRE! MAÎTRE! VENEZ VOIR! IL SE PASSE DES CHOSES ÉTRANGES...!!!

EH BIEN, QU'Y A-T-IL, MISENPLIS?

ZZZZZ ZZZZ

LES OUVRIERS NE SONT PAS ARRIVÉS AU CHANTIER... À PART NOS PRISONNIERS, AMONBOFIS ET TOURNEVIS, IL N'Y A PERSONNE!

?!?

VA AUX NOUVELLES!

OUI, MAÎTRE!

AUSSITÔT APRÈS...

LE CHANTIER EST ENCERCLÉ PAR DES LÉGIONNAIRES ROMAINS! ILS NE LAISSENT PAS ENTRER NOS OUVRIERS!

AU NOM DE CÉSAR! NOUS AVONS APPRIS QUE DES DISSIDENTS GAULOIS SE CACHENT DANS CE CHANTIER! NOUS LEUR DONNONS L'ORDRE DE SE RENDRE, FAUTE DE QUOI, NOUS ATTAQUERONS!

?!?

NOUS SOMMES ICI PAR LA VOLONTÉ DE CLÉOPÂTRE ET NOUS NE PARTIRONS QUE LE TRAVAIL TERMINÉ, PAR TOUTATIS!

VOUS LE REGRETTEREZ, PAR JUPITER!

QU'ALLONS-NOUS FAIRE, PAR ISIS?!

NOUS ALLONS CONSTRUIRE DES DÉFENSES, PAR BÉLÉNOS!

TU AS RAISON, PAR BÉLISAMA!

EST-CE QU'ON NE POURRAIT PAS S'EN ALLER, PAR HASARD?

34

ILS ATTAQUENT SUR DEUX FRONTS! VA LES REPOUSSER DE L'AUTRE CÔTÉ OBÉLIX!

ON Y VA! ON Y VA!

CÔTÉ SUD...

MAIS LÂCHEZ-MOI! VOUS VOYEZ BIEN QUE JE SUIS DÉJÀ REPOUSSÉ!

CÔTÉ NORD... IL Y EN A UN QUI EST ENTRÉ!

JE RESSORS! JE RESSORS! JE RESSORS!

APRÈS L'ASSAUT...

VICTOIRE! ITA DIIS PLACUIT!

ILS NOUS ONT REPOUSSÉS, MAIS CERTAINS D'ENTRE NOUS ONT RÉUSSI À PÉNÉTRER DANS L'ENCEINTE!

C'EST NOUS QUI AVONS RÉUSSI A PÉNÉTRER DANS L'ENCEINTE, MAIS ILS ONT ÉTÉ GENTILS; ILS NOUS ONT LAISSÉ RESSORTIR SANS TROP NOUS TAPER DESSUS..

PUISQUE C'EST COMME ÇA, NOUS ALLONS LES BOMBARDER, SANS BLAGUE!!!

REGARDEZ! DES MACHINES DE GUERRE!

HMMM... JE N'AIME GUÈRE CES MACHINS!

36 VI

41

ALERTE!!! UN DES ASSIÉGÉS ESSAIE DE PASSER!!!

WOF!

PRÊT?

PRÊT!

PAF!

?

TCHAC!

IL EST PARTI COMME IL EST VENU...

IL NE FAISAIT QUE PASSER...

PEU APRÈS, DANS LE PALAIS DE CLÉOPÂTRE...

TU AS DEMANDÉ À ME VOIR, Ô GAULOIS!

OUI, Ô CLÉOPÂTRE. MON PETIT CHIEN A UN MESSAGE POUR VOUS.

QU'IL EST MIGNON... QUE L'ON APPORTE UN OS POUR CE PETIT CHIEN!

ÇA NE SE PASSERA PAS COMME ÇA! JULES CÉSAR EST UN MAUVAIS JOUEUR, PAR ISIS! VA, GAULOIS, JE M'OCCUPE DE TOUT, PAR AMMON ET PAR HÉLIOS!

SCRRROUINCH! SCRRROUNCH! SCRRINCH!

DU CALME IDÉFIX... ATTENDS QUE LE NOUVEAU GOÛTEUR DE LA REINE AIT FINI DE GOÛTER TON OS.

GRRRRR!

42

38

ALERTE! UN DES ASSIÉGÉS ESSAIE DE RENTRER!

TCHAC!

VOICI, OBÉLIX! IDÉFIX VIENT DE REVENIR ET IL A PARFAITEMENT ACCOMPLI SA MISSION!

AH! TU VOIS?

POURVU QUE LA REINE AGISSE VITE! LES MACHINES DE GUERRE DES ROMAINS DÉTRUISENT LE PALAIS!

EN EFFET, DANS LE CAMP DES ASSIÉGEANTS...

TU VOIS, Ô CÉSAR, MÊME SI NOUS NE PARVENONS PAS À LES CAPTURER LE RÉSULTAT SERA LE MÊME CAR LE PALAIS SERA DÉTRUIT!

BIEN, CHORUS, BIEN!

AVÉ, CÉSAR...EUH... QUELQU'UN DEMANDE À VOIR CÉSAR...

QUI ÇA?

DZIM! BOUM!

TAPATAP! TAPATAP!

TARATATAR !!!!

?!?

39

43

EUH... MA REINE... MA TRÈS CHÈRE REINE...

ASSEZ!!! JE SUIS SORTIE DU PALAIS EN COURANT, SANS PRENDRE LE TEMPS DE ME CHANGER, QUAND J'AI APPRIS CE QUI SE PASSAIT!

OUPS!

QUAND ON FAIT UN PARI, IL FAUT ÊTRE SPORT ET C'ÉTAIT MON DROIT DE FAIRE APPEL AUX GAULOIS ET JE TE PROUVERAI QUE LES ÉGYPTIENS PEUVENT CONSTRUIRE DE BEAUX PALAIS...

...ET J'EXIGE QUE LES ROMAINS LAISSENT LES CONSTRUCTEURS TRANQUILLES ET QU'AVANT DE PARTIR, ILS RÉPARENT LES DÉGÂTS QU'ILS ONT CAUSÉS ET C'EST UNE HONTE...

...ET...

BON, BON, ÇA VA! JE TE DEMANDE PARDON ET JE FERAI COMME TU VOUDRAS...

TADZIM! TADZOUM! TARARIIIIII

PFFFF

ALORS... EUH... QU'EST-CE QU'ON FAIT?

ON LÈVE LE SIÈGE ET ON RÉPARE TES DÉGÂTS, IMBÉCILE!!!

AVÉ!

JE NE VOUDRAIS TOUT DE MÊME PAS QUE CLÉOPÂTRE M'AIT DANS LE NEZ!

NEZ QU'ELLE AVAIT D'AILLEURS FORT JOLI, SI NOUS NE VOUS L'AVONS DÉJÀ DIT...

REGARDEZ! LES ROMAINS LÈVENT LE SIÈGE, PAR BÉLÉNOS!!!

VICTOIRE, PAR TOUTATIS.

ET TOUT ÇA, GRÂCE À QUI?

44

ILS COMMENCENT PAR CASSER, ET APRÈS, ILS NOUS AIDENT À RÉPARER...

ILS SONT FOUS, CES ROMAINS!

NON, NUMÉROBIS! NON!

MAIS JE PENSAIS QUE POINTU, COMME ÇA, C'ÉTAIT PLUS JOLI...

...T ENFIN, UN BEAU JOUR..

ÇA Y EST! NOUS POUVONS ALLER PRÉVENIR CLÉOPÂTRE!

Ô, MA REINE! LE PALAIS EST TERMINÉ ET NOUS AVONS TENU LES DÉLAIS! *

TU AS TENU TA PROMESSE, NUMÉROBIS, JE TIENDRAI LA MIENNE, PAR ISIS!...

*À CETTE ÉPOQUE, C'ÉTAIT TRÈS RARE DANS LA CONSTRUCTION.

QU'ON LE COUVRE D'OR!

IL Y A ENCORE UN BOUT QUI DÉPASSE LÀ!

ON REVIENT!

DEMAIN, J'INVITERAI CÉSAR À BORD DE MA GALÈRE D'APPARAT...

NOUS DESCENDRONS LE FLEUVE SACRÉ JUSQU'AU PALAIS, ET LÀ, J'OFFRIRAI À CÉSAR, AVEC CE PALAIS, LA PREUVE QUE NOTRE PEUPLE N'EST PAS DÉCADENT!

BEN VOYONS!

LE LENDEMAIN...

IL EST UN PEU BIEN LE PALAIS, HEIN ?...

LES VOILÀ !

OÙ ÇA ?

POUR COUPER LE RUBAN, Ô CÉSAR !

Ô, LA PLUS BELLE DES REINES. À TOI L'HONNEUR DE COUPER CE RUBAN QUI PROUVE, PAR JUPITER, QUE J'AI PERDU MON PARI... JE M'INCLINE DE BONNE GRÂCE, DEVANT TANT DE GRÂCE.

LE PEUPLE ACCLAME SA REINE EN INVOQUANT LE DIEU DU SOLEIL ...

RÂ! RÂ! RÂ! RÂ! R

NA !

ÇA, C'EST UN BEAU NA !

TANDIS QU'UN BANQUET DE 14.000 COUVERTS EST SERVI (IL AVAIT ÉTÉ PRÉVU POUR 13.000, MAIS LES ÉGYPTIENS SONT SUPERSTITIEUX)...

VOUS M'AVEZ SAUVÉ LA VIE ET VOUS M'AVEZ APPRIS MON MÉTIER... MON OR VOUS APPARTIENT !

MAIS NON, MAIS NON, CE FUT UN PLAISIR... QUE VAS-TU FAIRE MAINTENANT ?

JE ME SUIS RÉCONCILIÉ AVEC AMONBOFIS...

... À NOUS DEUX, NOUS CONSTRUIRONS LES PLUS BELLES ET LES PLUS POINTUES DES PYRAMIDES !

APRÈS PLUSIEURS SEMAINES D'UNE LUXUEUSE CROISIÈRE...

SCROTCH! SCROTCH!

...C'EST ENFIN...

UNE GALÈRE !!! ASTÉRIX, OBÉLIX ET PANORAMIX SONT DE RETOUR!

JE VAIS PRÉPARER UN PETIT CHANT, ET...

LE VILLAGE GAULOIS ACCUEILLE SES HÉROS AVEC SON ENTHOUSIASME ET SON BANQUET HABITUELS...

...ET C'EST IDÉFIX QUI A TOUT FAIT!

UN NEZ, MON CHER... UN NEZ !

ET DANS LES JOURS QUI SUIVENT, TOUT LE MONDE EST HEUREUX...ENFIN, PRESQUE TOUT LE MONDE.

NON OBÉLIX, NON!

...JE N'AIME PAS LA NOUVELLE FORME QUE TU DONNES À TES MENHIRS!... RESTONS GAULOIS!

FIN DE L'ÉPISODE

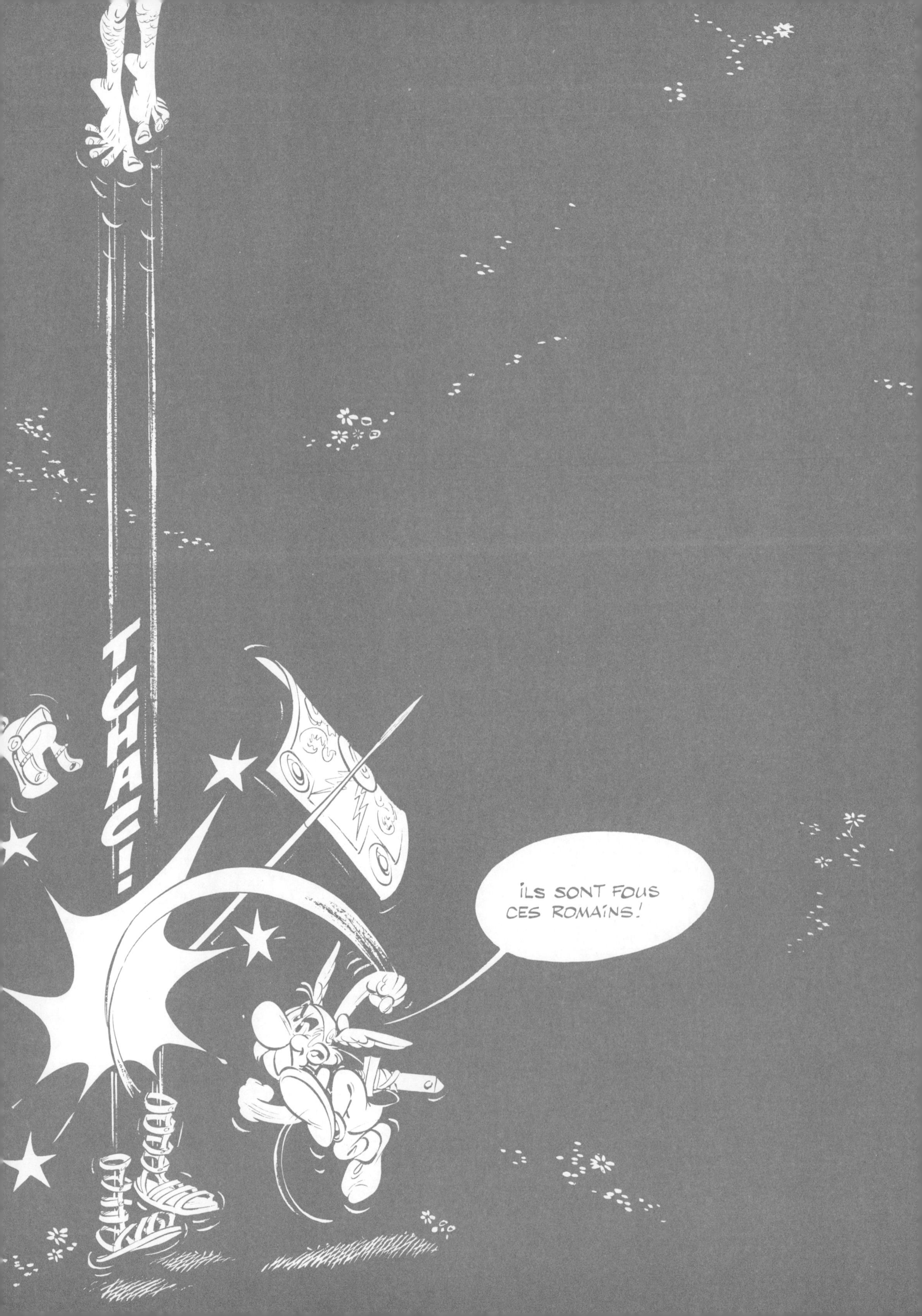
TCHAC!
ILS SONT FOUS CES ROMAINS!